LA
SEULE SOLUTION

DES

QUESTIONS PENDANTES

PAR UN CATHOLIQUE

BOURGES

TYPOGRAPHIE E. PIGELET, IMPRIMEUR DE L'ARCHEVÉCHÉ

LA SEULE SOLUTION

DES

QUESTIONS PENDANTES.

Il y a quelques semaines, au lendemain de la conclusion de la paix, alors qu'il était permis de compter sur un peu de répit, nous signalions, dans un modeste opuscule, l'impérieuse nécessité pour la France de rompre, sans hésitation, avec les errements révolutionnaires qui ont épuisé son énergie et précipité sa décadence, si elle veut renaître à la vie et redevenir la grande nation qui, pendant de si longs siècles, tint le premier rang en Europe.

L'édifice social, étayé sur les bases fragiles d'un scepticisme impuissant et d'un matérialisme abject, a été balayé par le souffle de Dieu irrité ; essayer de reconstruire la société sur les mêmes bases serait aussi insensé que coupable. Un édifice nouveau, ayant pour fondement la vérité éternelle et immuable, doit remplacer l'édifice écroulé, c'est la condition impérieuse de salut et de vie pour la France.

Depuis, les événements se sont précipités; aux hontes et aux ruines de la guerre étrangère ont succédé les désolations plus grandes et les douleurs plus cuisantes de la guerre civile. Paris, non encore entièrement délivré des étreintes de l'armée allemande, Paris, à peine ravitaillé et échappé aux horreurs de la famine, a levé l'étendard de la rébellion. Profitant du trouble causé dans l'organisation de l'armée destinée à le mantenir par les clauses d'un traité rigoureux, du licenciement de la majeure partie des troupes, du relâchement de la discipline, fruit d'un séjour prolongé dans ses murs, Paris s'est insurgé contre le pouvoir constitué, il a voulu être son maître, pour imposer ensuite, comme tant d'autres fois, sa volonté perverse et tyrannique à la France entière.

Cette fois il n'a pu réaliser son programme complet. Il a pu, maître, par surprise, d'un armement formidable organisé pour la défense de ses remparts contre l'envahisseur, inaugurer au sein de la capitale le régime de la terreur, proclamer pompeusement d'ineptes et sanguinaires utopies, fermer les églises, incarcérer les prêtres, fusiller des innocents, persécuter la population honnête, piller les monastères et les édifices publics, aussi bien que les propriétés particulières, mais la France est restée sourde à ses appels incendiaires, mais la France a renié Paris et, indignée, lutte, comme c'est son devoir, contre la cité coupable.

Paris subit, à cette heure, un nouveau siége, plus terrible que le premier, provoqué par son délire, chose triste à dire et dont la réalité semblera incroyable à la postérité qui lira notre histoire. Babylone insensée, Ninive incorrigible, les enseignements n'ont aucune prise sur la grande cité ; elle s'est faite le réceptable impur des révolutionnaires bannis de toutes les plages, honte de tous les peuples, le refuge suprême du banditisme cosmopolite. Paris, après avoir été l'honneur de la France par sa longue et héroïque résistance, semble vouloir être l'opprobre de notre patrie, en lui imposant les horreurs d'une guerre mille fois plus honteuse que la précédente.

En face d'une telle folie, d'une semblable monstruosité, l'esprit reste confondu et se demande si cette orgueilleuse capitale, si fière naguère encore de son rôle en ce monde, et de marcher à la tête de la civilisation caduque de ce siècle troublé, poussée par une main fatale et vengeresse, ne veut pas s'ensevelir dans un vaste linceuil, renouvelant, au XIXe siècle, l'histoire des cités antiques couchées sous le sable du désert, enfouies sous une onde putride, ou endormies sous la cendre des volcans.

Notre intention n'est pas ici de réfuter la Commune de Paris dont les actes ne se discutent pas plus que les crimes d'un bandit ou les brutalités d'un persécuteur. Comme toujours, nous cherchons un enseignement dans les événements actuels, et de cette inexorable logique des faits, nous voulons tirer une conclusion. Ne serait-ce pas en effet un rôle puéril, ridicule et coupable, à la fois, d'assister à ces scènes attristantes, de considérer ces faits monstrueux, de suivre les phases douloureuses de ce nouveau drame, en spectateurs inquiets, en curieux émus, sans remonter aux origines de ces aberrations, sans en chercher les causes, et sans s'inquiéter s'il est un remède à nos maux?

L'insurrection de Paris, nul n'en ignore, est un nouveau fruit de l'arbre révolutionnaire; la Commune, fille bien-aimée de cette insurrection, est la conséquence logique des idées révolutionnaires; rien donc de ce qui se passe à Paris ne nous étonne, un mauvais arbre ne pouvant produire de bons fruits.

Ce qui nous étonne c'est l'absence de principes chez les défenseurs de l'ordre, c'est leur aveuglement obstiné, en présense d'événements pourtant si instructifs, c'est leur silence en face des audacieuses affirmations de l'ennemi, c'est leur impuissance, en dehors de l'appui que prêtent à leur autorité le canon rayé et le fusil perfectionné.

A vrai dire cet étonnement ne tient pas à un examen sérieux; il provient de la généreuse illusion que nous caressions que les événements auraient ouvert les yeux à ce parti de l'ordre, que nous avons vu si souvent semer le désordre et se faire, dans le passé, le précurseur sinon l'allié des insurgés de l'heure présente, quand, de part et d'autre, la guerre à la vérité se limitait à publier des journaux et des brochures, ou à discourir dans les réunions publiques.

A quelque degré qu'un homme appartienne à la révolution, il ne saurait être véritablement un homme d'ordre, car l'ordre réel, comme la vérité sur laquelle il s'appuie, est immuable, et la révolution est essentiellement instable.

L'heure est venue, pourtant, pour tous les hommes qui ne veulent pas, de près ou de loin, faire cause commune avec les insurgés de la grande cité, ni concourir au même but que les énergumènes qui maintiennent Paris sous un joug honteux, l'heure est venue de briser l'idole révolutionnaire que jusqu'ici ils ont encensée, et de décerner leurs hommages à la vérité que, dans le passé, ils ont poursuivie de leurs sarcasmes, ou essayé d'ensevelir sous les sophismes, fils de leur haine contre elle.

La lutte entre le bien et le mal est plus ardente que jamais aujourd'hui, il faut s'enrôler résolûment sous l'un ou l'autre drapeau, louvoyer entre les deux camps, pour essayer de constituer un de ces tiers-partis, la ruine de toute autorité sérieuse, est impossible. La parole du Sauveur n'a jamais été si vraie : *Nul ne peut servir deux maîtres*, la révolution et l'ordre ; il faut se faire le disciple de la révolution, avec les conséquences extrêmes qu'elle comporte et que réclament les communeux de Paris, ou rentrer dans le vrai parti de l'ordre, de cet ordre immuable étayé sur la vérité, fille du ciel, qui défie le travail des siècles et les menaces des hommes.

Voilà ce que ne peuvent ou ne veulent encore comprendre tous les semeurs d'ivraie qui, depuis un demi-siècle, inondent le champ du Père de famille de germes morbides et de semence putréfiée, malgré les enseignements du passé, les révélations du présent et les menaces de l'avenir. Toujours acharnés contre l'œuvre de Dieu, à laquelle ils ont voué une haine profonde, l'œuvre de la Commune de Paris a surtout pour eux ce résultat funeste de nuire à leur œuvre propre, à cette œuvre chère, avant tout, à leur cœur : la guerre à Dieu et à son Église, la lutte contre le principe catholique, guerre et lutte poursuivies par eux, depuis de si longues années déjà, avec une si grande ténacité.

Les appréhensions de ces hommes d'ordre, de ces sages du XIXe siècle, se résument toutes dans un des derniers articles du *Journal des Débats*, avant sa mise au secret par la libérale Commune :

« A côté de l'horreur que nous inspirent la guerre civile et la vue du sang français répandu par les mains françaises, dit la docte feuille, nous éprouvons une véritable douleur et un profond découragement en voyant gâcher, gaspiller et ruiner pour longtemps des idées avec lesquelles on pouvait encore espérer reconstruire une société quelconque. Les communistes étaient déjà parvenus à compromettre, peut-être à tuer le principe des franchises communales ; les voilà, qui du même coup, jettent dans la chaudière révolutionnaire le principe de la séparation de l'Église et de l'État, c'est-à-dire de l'indépendance mutuelle de la société civile et de la conscience individuelle.

« *Le Journal officiel*, qu'il s'appelle *Journal de la Commune* du mois d'avril, ou *Journal de la République* de je ne sais quel mois potager, contient ce matin un décret dans le genre de celui qui a aboli les loyers ; c'en est un qui non-seulement abolit purement et

simplement le budjet des cultes, mais qui confisque sommairement tous les biens, autorisés ou non, des communautés religieuses. Nous ne discuterons pas sérieusement ce décret d'un pouvoir
à bout de ressources pécuniaires; il est d'une exécution imposible,
d'abord parce que pour mettre la main sur ces sortes de biens, il
faudrait savoir où les prendre, et ensuite parce que, pour les
vendre, il faudrait trouver des acheteurs.

« Ce qui nous désespère, c'est que ces Touche-à-Tout gâtent
tout ce qu'il touchent; c'est qu'après la traversée de cette crise où
nous nous débattons, ceux qui ont toujours demandé la séparation
de l'Église et de l'État, encore plus au nom de la liberté religieuse
qu'au nom de la liberté civile, qui l'ont réclamée surtout pour
que la religion ne fût pas un instrument de règne, et pour que
l'Église ne fût pas la servante et la prostituée de tous les pouvoirs
de passage, ceux-là porteront le poids des décrets de la Commune,
et ne pourront plus ramasser une idée traînée ainsi dans la
poussière sanglante de 1792 »   JOHN LEMOINE.

Ce sont bien-là les hommes du XIXᵉ siècle, incrédule et railleur, démolisseur par excellence, mais impuissant à rien édifier
de solide, jetant au vent les antiques croyances et les traditions
d'honneur, et s'étonnant de l'instabilité de ses œuvres.

Nous en sommes encore là à Pâques de l'an de grâce 1871, alors
que huit mois de luttes infructueuses contre un puissant adversaire ont amené la France à subir la loi d'un vainqueur insolent et
sans générosité, à perdre deux provinces, à verser à l'étranger
d'immenses trésors; alors que les hordes socialistes des faubourgs
de la grande Babylone, insurgées contre le pouvoir constitué de la
France, issu pourtant du suffrage universel, attaquent l'armée chargée de veiller à la sécurité de l'assemblée nationale; alors que ces
éternels ennemis de tout ordre, à l'aide d'engins demeurés impuissants contre l'envahisseur, donnent à la France endolorie et au
monde stupéfait le spectacle de luttes fratricides, poursuivies
sous les yeux du vainqueur, encore en possession de nombreuses
provinces et d'une partie des forts de la capitale.

Entre toutes les tristesses du temps présent, cette constatation
de la haine persistante des   es de ce monde contre l'œuvre de
Dieu est peut-être la   us grande, car elle fait douter à la fois

du salut de la France et du retour de la société à des principes qui seuls peuvent lui garantir la stabilité.

La guerre contre Dieu et son Église est permise aux diserts du journalisme libre penseur, mais arrière les *Touche-à-Tout* révolutionnaires qui *gâtent tout ce qu'il touchent*, arrière les *communistes qui gâchent, gaspillent et ruinent pour longtemps les idées avec lesquelles on pouvait encore espérer reconstruire une société quelconque*. Foules ignorantes et imbéciles, hordes sauvages et illettrées, laissez aux érudits, à lunettes d'or, le soin de cette lutte contre l'œuvre divine; termites habiles de la science, ils savent, du fond de somptueuses officines, poursuivre avec persévérance ce travail de consomption qui un jour amènera, c'est là leur espérance, du moins, la chute de l'édifice catholique, en accomplissant avec éclat, quand l'heure sera venue de proclamer la séparation de l'Église et de l'État, la scission complète entre la société civile et la société religieuse.

Quant à vous, Messieurs du pavé, selon la pitoresque expression du diplomate prussien, très-aptes à monter la garde autour de canons ravis dans un moment de confusion, vous êtes incompétents à cette œuvre législative, vous *gâtez ce que vous touchez*, et par votre façon brutale de trancher ces hautes questions, vous portez un coup fatal aux *idées* de progrès, à l'aide desquelles il eut été permis à vos devanciers dans cette lutte, messieurs les révolutionnaires en chambre, de *reconstruire une société quelconque*.

Jamais vous n'avez dit une aussi grandre vérité, Monsieur John; avec vos idées voltairiennes et conservatrices, vous eussiez pu, sans l'intervention de Messieurs du pavé, *reconstruire une société quelconque*. Ce *quelconque*, terminant mélancoliquement la phrase, prouve votre peu de confiance dans le résultat espéré. Vous sentez vous-même la fragilité d'un édifice étayé sur vos principes, et vous n'osez décorer la société à naître de vos idées d'une de ces brillantes épithètes, dont tous les élaborateurs de constitutions sociales, si nombreux dans ce siècle caduc, ornent l'œuvre de leur cerveau fécond.

Mais Dieu, qui ne veut point pour la France humiliée et châtiée d'une société quelconque, a permis les crimes de la présente insurrection, et les aberrations des communeux parisiens, afin de bien prouver qu'entre *vos idées* et les faits et gestes des révolutionnaires et socialistes, il y a la même corrélation qu'entre la cause et l'effet. Dieu veut pour la France, abîmée sous le poids des fléaux déchaînés contre elle par sa justice et sa miséricorde, une société nouvelle, société jeune et virile, extirpant tous les germes de putréfaction qu'un siècle de haines et de luttes contre son OEuvre ont concentrés dans son sein ; une société puisant dans le christianisme les éléments de vitalité qui lui font défaut ailleurs. La Providence a laissé faire Messieurs du pavé, parce qu'elle ne veut pas de la *société quelconque* de Messieurs les érudits du journalisme incrédule et conservateur, ou de tous les faiseurs passés et présents, dont la vie s'est écoulée dans de stériles élucubrations de constitutions, impuissantes à garantir les peuples contre des secousses périodiques et les nations contre une caducité fatale.

Aujourd'hui même, certains partisans de cet ordre bâtard, sur lequel on a voulu édifier une société si souvent secouée par l'ouragan révolutionnaire, parlent de conciliation entre Paris et Versailles. Francs-maçons de l'un et l'autre camp sont à l'œuvre pour rapprocher les adversaires, dont ils voudraient faire des belligérants ordinaires. Au-dessus des remparts et des épaulements hérissés de canons vomissant la mort, les Frères se tendent la main, espérant terminer la lutte par un compromis qui servirait surtout les intérêts de la secte.

Il nous en coûte d'opposer une si énergique réprobation à ces efforts de conciliation, qui peuvent séduire tant d'âmes incertaines, et sembler généreux aux hommes superficiels. Dieu sait si notre cœur saigne à la vue du sang français versé si abondamment par des mains françaises, et des ruines nouvelles accumulées à la suite de tant d'autres ; mais, aujourd'hui, l'avenir de notre cher pays est intéressé à un trop haut point à la solution des redoutables problèmes depuis si longtemps posés, pour que le silence soit possible.

Non, le salut ne peut venir des antres maçoniques où se trament tous les complots contre la religion et la société. Les sectaires des Loges, à quelque degré de la société ou de la secte qu'ils appartiennent, ne peuvent que rêver un pacte conclu au détriment de la vérité, à la suite duquel ils imposeraient encore à la France leur joug tyrannique et démoralisateur, et la traîneraient de nouveau meurtrie, ensanglantée, déshonorée dans l'ornière révolutionnaire.

On peut se montrer conciliant dans les faits, poursuivre la lutte avec toute l'humanité possible dans de telles circonstances, user de clémence après la victoire, savoir distinguer entre les fauteurs de désordre incorrigibles et les égarés qu'ils entraînent à leur suite; mais point de conciliation sur les principes, point de concessions à l'émeute.

Que les hommes qui ont aujourd'hui le pouvoir en main le sachent, le pays attend, dans une légitime émotion, dans une fiévreuse anxiété, des actes qui le protégent contre la sauvage agression des volontaires de toutes les sectes réunies, qui veulent régner à tout prix, fût-ce sur les ruines fumantes de la noble France.

Qu'ils ne se laissent pas déborder et ne cherchent pas un échappatoire à la cruelle position qui nous étreint, en acceptant l'aide d'où qu'il vienne.

Qu'ils ne demandent pas le salut, à cette heure de péril suprême, à des demi mesures, toujours si funestes aux peuples, dans les phases critiques de leur histoire.

Qu'ils se recueillent, et non contents d'écraser l'émeute sous le fer et le feu, qu'ils la dominent par cette haute autorité morale que seule donne la connaissance approfondie de la vérité et du devoir. Qu'ils cessent d'écouter les hommes d'ordre que nous connaissons à leurs œuvres, disposés à faire un pas vers l'émeute, pourvu que, déposant les armes, elle s'avançât, de son côté, pour faire acte de soumission extérieure et recevoir du pouvoir l'absolution de ses crimes et de ses égarements, sinon quelques concessions.

Croire qu'il pourrait sortir de semblables transactions une position tolérable, une situation stable, serait une étrange erreur ; un compromis de ce genre n'amènerait qu'une trève de courte durée, l'émeute ne tarderait pas à reprendre les hostilités, pour obtenir d'autres concessions, ou mieux se rendre maîtresse unique de la situation.

Nous ne pouvons ressaisir la seule position qui convienne à la France en ce monde, cette position de grande puissance imposant le respect et l'estime; nous ne pouvons constituer à l'intérieur un ordre de choses sérieux et durable, qu'en répudiant solennellement ces doctrines insalubres dont le venin a empoisonné les peuples; qu'en affirmant hautement des principes dès longtemps oubliés, qu'en étayant l'édifice social sur le principe catholique reconnu et respecté; qu'en opposant à la Babel révolutionnaire et communiste une Jérusalem nouvelle, contrite et humiliée, instruite par le châtiment, reniant ses erreurs, rétablissant toute chose en sa place, et Dieu dominant toute chose dont il est l'unique créateur et souverain maître.

Quand l'émeute sera vaincue, si le gouvernement qui sera créé ne renouvelle pas la face des choses, s'il ne met pas énergiquement la main à l'œuvre pour ramener l'esprit public de sa longue et profonde aberration, s'il ne pose pas la religion gardienne de ses institutions, s'il craint, comme ses prédécesseurs, de reconnaître à Dieu et à son Église une suprématie qui seule peut sauvegarder et maintenir les suprématies humaines, nous pourrons avoir quelques années d'un répit qui sera plutôt de la prostration que de la paix, mais les mêmes causes engendreront fatalement les mêmes effets, nous tournerons encore une fois dans le cercle vicieux de la révolution, cette marâtre qui, comme Saturne, dévore ses enfants.

Une prospérité éphémère et malsaine pourra renaître, mais la société s'affaisera de plus en plus, son état moral ne fera que baisser, cet état moral si bien peint, de main de maître, par Lamenais, dans les lignes suivantes :

« Le siècle le plus malade n'est pas celui qui se passionne pour l'erreur, mais le siècle qui néglige, qui dédaigne la vérité. Il y a de la force, et par conséquent de l'espoir là où l'on aperçoit de violents transports; mais lorsque tout mouvement est éteint, lorsque le pouls a cessé de battre, que le froid a gagné le cœur, qu'attendre alors, qu'une prochaine et inévitable dissolution ?

« En vain on essayerait de se le dissimuler : la société en Europe s'avance rapidement vers ce terme fatal. Les bruits qui grondent dans son sein, les secousses qui l'ébranlent ne sont pas le plus effrayant symptôme qu'elle offre à l'observateur; mais cette *indifférence léthargique* où nous la voyons tomber, ce profond assoupissement, *qui l'en tirera? qui soufflera sur ces ossements arides pour les ranimer?* Le bien, le mal, l'arbre qui donne la vie, et celui qui produit la mort, nourris par le même sol, croissent au milieu des peuples qui, sans lever la tête, passent, étendent la main et saisissent leurs fruits au hasard. Religion, morale, honneur, devoirs, les principes les plus sacrés comme les nobles sentiments ne sont plus qu'une espèce de rêve, de brillants et légers fantômes qui se jouent un moment dans le lointain de la pensée pour disparaître bientôt sans retour. Non, jamais rien de semblable ne s'était vu, n'aurait pu même s'imaginer. Il a fallu de longs et persévérants efforts, une lutte infatigable de l'homme contre sa conscience et sa raison pour parvenir enfin à cette brutale insouciance. Arrêtez un moment vos regards sur ce roi de la création: quel avilissement incompréhensible! Son esprit affaissé n'est à l'aise que dans les ténèbres. Ignorer est sa joie, sa paix, sa félicité, il a perdu jusqu'au désir de connaître ce qui l'intéresse le plus. Contemplant, avec un égal dégoût, la vérité et l'erreur, il affecte de croire qu'on ne les saurait discerner afin de les confondre dans un commun mépris; dernier excès de dépravation intellectuelle où il lui soit donné d'arriver : *Quùm in profundum venerit, contemnit.* »

Depuis que Lamenais, devenu lui-même, hélas! un révolté, a écrit ces lignes d'une vérité saisissante aujourd'hui comme de son temps, la société, loin de s'arrêter sur la pente fatale qu'elle descendait déjà si précipitamment, a glissé de plus en plus dans cet insondable abîme, cloaque infect d'où n'ont pu la tirer tant d'événements si fertiles en enseignements, pourtant, survenus depuis, d'où semblent même ne pouvoir la tirer les terribles leçons du présent. L'indifférence est devenue plus générale encore, le matérialisme plus abject.

L'orage a passé semant la désolation sur son passage; l'homme a contemplé, ébahi, cette immense ruine, mais sans comprendre la signification de ces hauts enseignements. La tempête gronde de nouveau, plus stridente et plus redoutable, l'horizon est plus noir que jamais, le naufrage est imminent, et l'homme, nautonier indolent, s'inquiète peu de ce déchaînement, ou, passager tremblant mais inconscient et sans énergie, ne sait opposer une résistance utile aux efforts de l'ouragan, ni prendre les moyens de conjurer le fléau.

Notre France est-elle donc destinée à périr sous les efforts simultanés de l'étranger victorieux et de la révolution déchaînée?

Nous espérons mieux pour notre chère patrie, nous avons foi en son avenir, malgré les désastres qui l'ont atteinte, les souffrances qui l'étreignent, et le dépérissement général dont elle souffre. Ne nous faisons pas illusion, cependant, et sachons que le salut ne peut venir que des efforts simultanés de tous les hommes voulant sincèrement le bien.

La France compte encore dans son sein des hommes nombreux croyant à Dieu et à sa providence, des hommes instruits de leurs devoirs, auxquels il ne manque qu'un peu de courage pour les accomplir, dans toute leur étendue, nous parlons des devoirs publics; des hommes qui, s'ils le veulent, avec l'aide de Dieu, qui ne leur fera pas défaut, peuvent sauver la patrie et régénérer la France.

C'est à vous, catholiques, que nous nous adressons en terminant. Ne voyez-vous pas dans quel abîme ont plongé notre malheureuse patrie, l'indifférence religieuse, fruit de l'absence de principes, et la propagation des idées révolutionnaires qu'a permis cet effacement de convictions.

Quoique l'on dise, quoique l'on fasse, l'avenir est à vous si la France peut encore compter sur l'avenir, car la France ne peut être régénérée que par le catholicisme.

Je ne crains pas de vous le dire, parce que la vérité ne gagne rien à être voilée, une part de cet état désastreux vous revient. Vous avez déserté trop souvent l'arène, parce que vous étiez en butte à l'injure et à la calomnie, comme si, pour un catholique, souffrir persécution pour la justice n'était pas un honneur souverain placé par Jésus-Christ au rang des béatitudes.

Par votre abstention vous avez laissé la carrière libre aux semeurs d'ivraie dont nous parlions tout à l'heure, aux révolutionnaires de toutes les écoles et de tout les degrés, et ils ont profité de cette désertion pour la plus grande honte de notre patrie, pour le plus grand mal de la société, livrée presque sans conteste à leur domination, à leurs sophismes, à leur haine implacable de la vérité. Vous avez mission, pourtant, de défendre cette vérité que vous connaissez, en tout temps, en tous lieux, dans la sphère, humble ou élevée, dans laquelle vous a placés la Providence.

Il est tard pour réparer cette faute, mais il n'est jamais trop tard pour accomplir un devoir ou remplir une mission. A l'œuvre donc, ne craignez pas de lutter contre les ennemis de Dieu, contre les artisans du mal, contre les corrupteurs des peuples, ne leur laissez pas, par une coupable abstention, la prépondérance dans les conseils de la nation, depuis l'humble conseil municipal jusqu'au sein de l'assemblée nationale, où s'élaborent les lois, où se décident les destinées du pays.

En tous lieux, à la campagne comme à la ville, affirmez hautement et énergiquement la vérité, cette affirmation seule peut nous sauver. Faites-vous les défenseurs du droit si souvent outragé, de la justice si souvent méconnue; il est impossible que Dieu ne bénisse pas vos efforts persévérants, et que dans sa miséricorde et sa justice, il ne tienne pas compte de votre zèle et de votre énergie, pour fixer les destinées de notre chère patrie.

Ce qui manque en France aujourd'hui, répète-t-on de toutes parts, ce sont les hommes; soyez donc des hommes, vous auxquels Dieu a départis l'intelligence du vrai et du bien, vous qu'il a préservés de l'affaissement général, vous qu'il a gardés des atteintes du *lion, cherchant une proie à dévorer,* vous qui, selon l'expression du Maître, devez être le *sel de la terre,* destiné à la préserver de la corruption. Prouvez à Dieu votre reconnaissance, en prenant en main la défense de sa cause si souvent conspuée, en vengeant l'Église et ses ministres des insultes qui leur sont prodiguées à chaque heure. Proclamez par dessus tout, au sein du cahos universel, né de l'absence des principes et de la confusion de doctrines ineptes, que Dieu est, aujourd'hui comme toujours, le seul souverain maître des rois comme des peuples, que pour vivre en paix une nation a besoin de reconnaître, au dessus des maîtres qui la gouvernent sur la terre, le roi immortel de tous les empires, du temps et de l'éternité.

Cet apostolat, nécessaire en tout temps, s'impose impérieusement aujourd'hui.

Bourges, E. Pigelet, rue des Arènes, 33.